웅진주니어

몬스터과학 ❼ 어떻게 자라날까? 발생의 비밀을 밝혀라!

초판 1쇄 발행 2020년 3월 23일 | 초판 3쇄 발행 2022년 5월 24일
글 이은희 | 그림 최미란
발행인 이재진 | 편집장 안경숙 | 편집 이선미 | 디자인 진보라
마케팅 정지운, 김미정, 신희용, 박현아, 박소현 | 제작 신홍섭

펴낸곳 (주)웅진씽크빅 | 주소 경기도 파주시 회동길 20 (우)10881
문의전화 031)956-7403(편집), 02)3670-1191, 031)956-7065, 7069(마케팅)
홈페이지 www.wjjunior.co.kr | 블로그 wj_junior.blog.me
페이스북 facebook.com/wjbook | 트위터 @wjbooks | 인스타그램 @woongjin_junior
출판신고 1980년 3월 29일 제406-2007-00046호 | 제조국 대한민국

글 ⓒ 이은희 2020 | 그림 ⓒ 최미란 2020
저작권자와 맺은 특약에 따라 검인을 생략합니다.

웅진주니어는 ㈜웅진씽크빅의 유아·아동·청소년 도서 브랜드입니다.
이 책은 저작권법에 따라 한국에서 보호받는 저작물이므로 무단전재와 무단복제를 금하며,
이 책 내용의 전부 또는 일부를 이용하려면 반드시 저작권자와 (주)웅진씽크빅의 서면 동의를 받아야 합니다.

ISBN 978-89-01-24005-3 74400 · 978-89-01-15247-9(세트)
＊이 도서의 국립중앙도서관 출판예정도서목록(CIP)은 서지정보유통지원시스템(http://seoji.nl.go.kr)과
국가자료종합목록시스템(http://www.nl.go.kr/kolisnet)에서 이용하실 수 있습니다. (CIP: 2020004972)

잘못 만들어진 책은 바꾸어 드립니다.
⚠️주의 1. 책 모서리가 날카로워 다칠 수 있으니 사람을 향해 던지거나 떨어뜨리지 마십시오. 2. 보관 시 직사광선이나 습기 찬 곳은 피해 주십시오.

7

어떻게 자라날까?
발생의 비밀을 밝혀라!

글 이은희 | 그림 최미란

웅진주니어

이 세상 어딘가에, 우주 어딘가에 몬스터 마을이 있어요.
그곳이 어디라고 꼭 집어 말할 수는 없어요.
화산 속일지도 모르고, 오래된 나무 속, 블랙홀 언저리일지도 몰라요.
어쩌면 생각보다 훨씬 더 가까운 곳에 있을지도 모르고요.
몬스터만 아는 비밀이에요.
어느 날 여러분에게 지저분하거나 똑똑하거나
우울한 몬스터 한 마리가 찾아와도 놀라지 마세요.
그건 몬스터에 대한 예의가 아니니까요.

차례

외로운 탈바꿈 몬스터 두몽이 …… 8

동생이 태어났어요! …… 20

몬스터 벼룩시장 …… 24

사라진 세몽이 …… 30

긴털 몬스터 블랙몽 …… 38

긴털 몬스터의 이야기 …… 46

요력 강화제의 정체 …… 58

돌아온 집 …… 70

차일드 몬스터 학교 수업 노트 …… 75

외로운 탈바꿈 몬스터 두몽이

여기는 차일드 몬스터 학교. 모습도 다르고 성격도 다른 꼬마 몬스터들이 모여 있는 교실은 늘 시끌벅적해요.
"이번 시간은 '다양한 몬스터들'을 알아보는 시간이에요. 우리 몬스터들의 모습은 저마다 달라요. 하지만 말랑말랑하거나 딱딱하거나 뿔이 있거나 다리가 많아도 우리는 모두 몬스터예요. 앞으로 한 학기 동안 다양한 몬스터의 특성과 습성에 대해서 배울 거예요.

프랑켄몽

〈몬스터 사전〉
몬스터 세상에서 '무섭다', '끔찍하다'는
'멋지다'는 뜻이에요.

서로에 대해 알고 있으면 서로를 더 잘 이해할 수 있을 테니까요."
두몽이는 선생님의 말씀을 듣고 교실을 둘러보았어요.
선생님 말씀대로 겉모습은 제각각 달랐지만, 모두 몬스터답게
제대로 무섭고 끔찍했어요.
'나랑 똑같지는 않더라도 나를 닮은 귀여운 몬스터가 하나라도 곁에
있다면 좋을 텐데……. 난 너무 외로워.'
두몽이는 한숨을 푹 내쉬었어요.

"자, 선생님이 좀 전에 이게 무슨 알이라고 했지?"
선생님의 질문에 두몽이가 앞을 보았어요. 칠판에는 선생님이 '교과서 마법 주문'으로 소환한 다양한 몬스터의 알들이 둥둥 떠 있었지요.
"네? 그, 그러니까…… 저 알이…… 어떤 것이, 아니……."
당황한 두몽이는 말을 마구 더듬었어요.

생물이 얼마나 다양한지 궁금하다면 수업 노트 76쪽으로!

"몬스터 세상의 몬스터들은 알에서 태어나요.
우리의 겉모습이 다르듯이 알의 모습도 모두 다른데,
알의 모습은 대부분 다 자란 뒤의 모습과 비슷해요.
자, 다음 그림에서 알과 몬스터를 바르게 이어 볼까요?"

선생님! 두몽이를 닮은 알은 없네요. 탈바꿈 몬스터의 알은 어떻게 생겼나요?

한몽이가 질문을 하자 친구들이 한마디씩 거들었어요.
"보나 마나겠지. 알의 모습은 지금 우리 모습이랑
비슷하니까 탈바꿈 몬스터의 알은 두몽이처럼
조그맣고 노란색일 게 뻔해."
"알마저 귀엽고 예쁘다고? 생각만 해도 웃겨. 우하하핫!"
"혹시 너무 작아서 저기 있는데 안 보이는 거 아냐?"
"자, 조용조용! 그러고 보니 탈바꿈 몬스터의 알이
빠졌구나. 미안하구나. 잘 보렴.
아브라카타샤바브라 탈바꿈몬샤라비라스타!"

알을 보고 나니 한몽이와 두몽이는 곧 태어날 동생 생각이 났어요.
"저기…… 한몽아, 넌 새로 태어날 동생이 어떤 모습이면 좋겠어?"
"응? 글쎄. 생각해 본 적 없는데?"
"난 말이야, 동생이 날 닮았으면 좋겠어. 너랑 엄마, 아빠는
물론이고 할아버지랑 삼촌에 고모, 심지어 사촌들까지 몽땅
붉은 털 몬스터인데 나 혼자만 탈바꿈 몬스터잖아. 난 가끔
내가 빨간 물감 통에 잘못 떨어진 노란 얼룩 같다는 생각이 들어.
곁에 나랑 닮은 몬스터가 한 명이라도 있으면 얼마나 좋을까?"

처음 듣는 두몽이의 고민에 한몽이는 조금 충격을 받았어요.
한몽이는 한 번도 그런 생각을 해 본 적이 없었거든요.
문득 한몽이는 드라큘몽과 좀비몽의 집에 놀러 갔을 때가
떠올랐어요. 신선한 생간 열매의 피즙만 먹는 드라큘몽의
집에서 한몽이는 아무것도 못 먹고 쫄쫄 굶어야 했어요.

몸이 반쯤 썩어서 덜렁거리기 때문에 살짝 부딪치기만
해도 온몸이 떨어져 나가는 좀비몽의 집에서는 몸 조각들을
줍느라 제대로 놀지도 못했지요.

'다른 사람들은 다 같은데, 나 혼자만 다르다는 것은 참
불편하고, 어색한 일이었어. 그럼 두몽이는 지금까지 늘
불편하고 힘들었겠구나.'

튼튼하고 큰 턱과 강한 이빨을 가지고 있어서 몬스터불소 고기를 뼈째로 씹어 먹을 수 있는 한몽이와 달리 조그맣고 작은 부리와 그 부리에 난 아주 작은 이빨을 가진 두몽이는 고기를 아주 잘게 다지지 않으면 먹을 수가 없었어요.
"그래, 나도 그랬으면 좋겠다. 너랑 닮은 동생이 하나 더 있으면 얼마나 재미있을까? 나중에 어떤 몬스터가 될지 벌써 기대되잖아!"
한몽이의 이야기를 들은 두몽이는 활짝 웃었어요.

동생이 태어났어요!

한몽이와 두몽이가 집에 들어서자 아빠가 함박웃음을 지으며 말했어요.
"얘들아, 오늘 엄마가 드디어 알을 낳았단다. 아기 이름은 세몽이라고 부르기로 했어."
"우아! 무슨 알이에요? 붉은 털 몬스터? 탈바꿈 몬스터?"
"어떤 알인지는 직접 가서 보거라. 너희들 방 옆에 새로 꾸민 아기방에 있단다. 당분간 엄마는 푹 쉬셔야 하니 조용히 하는 거 잊지 말고."
둘은 한달음에 아기방으로 달려갔어요.
알이 태어나면 아기 몬스터가 스스로 알을 깨고 나오는 날까지 엄마나 아빠 몬스터가 알을 품고 다니면서 요력을 나누어 주어야 해요. 물론 요즘 대부분의 몬스터는 부화기 안에 알을 넣어 두고, 부화기에 달린 몬스터 요력 충전기에 매일매일 요력을 충전해 주는 방식으로 알을 돌보지요. 아기 몬스터는 엄마, 아빠가 충전해 주는 요력을 먹고 무럭무럭 자라서 한 달 정도 지나면 스스로 알을 깨고 태어나요.
아기가 알을 깨고 나오기 전까지 알을 어두운 곳에 두어야 했기에 방은 어두컴컴했지만, 알이 어떤 색깔인지는 알 수 있었어요.

반짝. 문틈으로 새어 들어온 작은 빛을 받은 알이 무지갯빛으로
반짝였어요. 순간 두몽이는 손으로 입을 막았어요. 너무 기뻐서 비명이
나올 것 같았기 때문이에요. 그건 분명 탈바꿈 몬스터의 알이었어요!
"어이쿠, 우리 꼬맹이 눈에 눈물이 다 맺혔네. 그렇게도 좋으냐?"
"그럼요, 아빠. 진짜로, 너무너무, 정말로 기뻐요."
"그래, 아빠도 기쁘단다. 두몽이를 닮은 아기를 또 얻게 되어서 말이다."
"있잖아요, 아빠. 세몽이가 알을 깨고 나오면 옆에서 많이 도와줄
거예요. 탈바꿈 몬스터인 세몽이가 저처럼 혼자 고민하고 혼자 슬퍼하지
않게요."
"이런, 이런, 우리 두몽이가 많이 컸구나."
두몽이는 아빠의 얼굴을 끌어안았어요. 아빠의 붉은 털은
까칠까칠했지만, 지금 두몽이에게는 그 어떤 것보다도 부드럽게
느껴졌어요. 그날 저녁 두몽이네는
세몽이의 부화기 앞에서 가족사진을
찍었어요. 가족 앨범에 또 한 장
소중한 추억이 쌓였지요.

하나의 세포가 생명이
되는 과정이 궁금하다면
수업 노트 79쪽으로!

몬스터 벼룩시장

"두몽아, 어디 가? 집은 이쪽인데?"
"공원에서 열리는 몬스터 벼룩시장에 가려고."
"거긴 왜? 뭐 살 거 있어? 지렁이 머리끈?
차일드 몬스터 인형 시리즈?"
"아니, 세몽이에게 줄 선물 사려고."

"태어나려면 한 달도 더 걸릴 텐데, 벌써?"
"그래도 뭔가 해 주고 싶단 말이야. 나 먼저 간다. 집에서 보자!"
두몽이도 아직 시간이 많이 남았다는 걸 알았지만, 하루하루가 너무나 길고 지루하게만 느껴져서 무엇이라도 하고 싶었어요. 한 달에 두 번씩 공원에서 열리는 몬스터 벼룩시장은 특이하고 신기한 물건들을 한꺼번에 만날 수 있는 즐겁고 소란스러운 곳이었어요. 평소 같았으면 두몽이는 알록달록한 지렁이 머리끈이나 이젠 네 종류만 더 모으면 되는, 32개 한 세트의 차일드 몬스터 시리즈 가운데 빠진 인형들을 찾아다니느라 정신이 없었겠지만 오늘은 달랐어요.
'음, 지렁이 머리끈은 멋지긴 한데 세몽이가 머리를 묶을 수 있으려면 더 커야 할 거야. 그럼 로봇몽 시리즈를 사 줄까? 아냐, 로봇을 별로 안 좋아할 수도 있잖아. 대체 뭘 사 줘야 하지?'

두몽이는 돌아오자마자 담요를 들고 욕실로 들어갔어요.
담요를 깨끗이 빨기 위해서였지요. 그런데 이상했어요.
담요는 물에 전혀 젖지 않았거든요. 게다가 주무르면
주무를수록 점점 더 따뜻해지더니 급기야는 대야에서
김이 모락모락 올라오기 시작했어요.

엄마야! 이게 뭐지?

두몽아, 엄마 불렀니?

"이 담요 좀 보세요. 물에 넣어도 안 젖고, 찬물에서도 주무르면 따뜻해져요. 보세요, 이렇게 김이 나요."

"어디 보자. 어머, 이건 긴털 몬스터의 털로 짠 담요네. 그럼 당연하지."

"긴털 몬스터요?"
"그래, 원래 아주 추운 얼음산에 살았던 긴털 몬스터들은 털이 물에 젖지 않고, 추우면 털에서 열이 난단다. 그런데 100년 전에 있었던 한 사건 때문에 긴털 몬스터 종족이 몬스터 왕국에서 쫓겨났고, 그 뒤로는 털을 구하기가 힘들어졌지. 두몽이가 동생을 위해 정말 귀한 것을 골라 왔구나."
엄마의 칭찬에 두몽이는 으쓱해졌어요.

"담요를 좀 잘라서 너희들 장갑도 만들어야겠다. 올겨울에는 아무리 눈싸움을 해도 손이 안 시릴 거야."

"역시 오늘 벼룩시장 가길 잘했어."

사라진 세몽이

시계가 9시를 알렸어요. 자야 할 시간이었지만, 두몽이는 잠자리에 드는 대신
아기방으로 갔어요. 외출하신 엄마, 아빠는 조금 늦으시는 모양이었어요.
부화기가 놓인 아기방은 따뜻하고 조용해서 기분이 좋았어요. 부화기에는 요력이
충분히 채워져 있었고, 알은 두몽이가 덮어 준 검은색 담요 안에서 더욱 반짝거렸어요.
두몽이는 세몽이의 알을 담요로 꼭 덮어 주면서 알을 쓰다듬었어요.
부드럽고 포근한 담요와 말랑말랑하고 따뜻한 알은 손에 닿는 느낌이 참 좋았어요.

갑자기 방문이 빼죽 열리며
한몽이의 얼굴이 쑥 들어왔어요.
요즘 부쩍 자란 한몽이는
정말 더 더 무서워졌어요!

두몽아, 뭐 해?

으악!

어휴, 깜짝 놀랐잖아. 노크 좀 하고 다녀. 넌 네가 얼마나 무서운지 모르지?

흐흐, 그래? 칭찬 고마워. 안 자고 뭐 하고 있었어?

그냥, 뭐…… 엄마도 아빠도 안 계시니 세몽이 옆에 누군가 있어 줘야 할 것 같아서.

벌써부터 챙기는 거야? 하지만 아직 아기는 네 마음 잘 모를걸?

한몽이도 부화기 곁으로 다가갔어요. 작은 동생이 신기한 둘은
한참을 말없이 알만 바라보았어요.

그런데 두몽아, 나 궁금한 게 있어.

뭔데?

전부터 묻고 싶었던 건데 말이야. 작년에 네가 가출했을 때, 너 인간 세상으로 갔었다고 했지?

응, 거기서 멘델 신부님을 만났지. 그리고 나에 대한 비밀을 풀었고. 신부님은 아직도 노랑 완두랑 초록 완두가 몇 개인지 세고 계실까?

멘델 신부님

"인간 세상은 어때? 좋아? 멋있어?"
"글쎄…… 난 수도원 뒤뜰에 떨어져서 멘델 신부님 대신 완두콩을 센 게 전부라……."
"다시 가 보고 싶지 않아?"
"한 번쯤 다시 가 보고 싶기는 하지만, 이제 더 이상 연결 고리가 없는걸."

"연결 고리?"
"인간 세상으로 가려면 그곳에서 가져온 특별한 물건이 있어야 해. 추억과 사랑이 가득 담겨 있는 물건만이 시공간의 경계를 넘는 문을 만들 수 있거든. 연결 고리를 들고 특별한 주문을 외우면 시공간의 문이 열려서 인간 세상에서 그 물건이 있던 곳으로 갈 수 있어. 내가 인간 세상에 갈 수 있었던 건 할머니가 멘델 신부님의 사진을 남겨 주신 덕분이었어."

"그럼 다시 돌아올 때는 어떻게 해?"
"돌아올 때도 마찬가지야. 이곳과 사랑으로 연결된 물건이 필요하지. 그래서 난 네가 준 용의 구슬을 가져갔어."

두몽이는 힘없이 바닥에 주저앉더니 엉엉 울기 시작했어요. 자기가 외운 주문 때문에 동생이 사라졌다는 사실이 너무나 끔찍했어요. 갑자기 한몽이가 벌떡 일어나더니, 엄마가 낮에 만들어 준 장갑을 가지고 돌아왔어요.

자, 이거 열른 껴. 세몽이 찾으러 가자!

어떡해...... 세몽이가 어디로 갔는지도 모르는데.

"그래, 맞아. 장갑은 담요에서
잘라 낸 조각이니까 효력이 있을 거야!"
두몽이는 쓱쓱 눈물을 닦고 자리에서 일어섰어요.
어떻게든 세몽이를 다시 데려와야 했어요.
이번에는 두몽이가 갑자기 벌떡 일어나
자기 방으로 달려갔어요.
"어? 두몽아, 어디 가! 나 아직 주문
못 외웠단 말이야!"

가는 것도 중요하지만, 다시 집으로 돌아오려면 이곳과 연결된 물건이 필요해!

아하!

두몽이의 손에는 작은 가족사진과
목걸이 지갑이 들려 있었어요. 엄마가
세몽이가 될 알을 처음 낳던 날, 부화기 앞에서
모든 가족이 함께 찍은 사진이었지요.

"시공간의 혼돈 속에서 헤매지 않고 다시 집으로 돌아오려면 강력한 사랑이 담긴 물건이 필요해. 바로 이 가족사진처럼."
두몽이는 사진을 목걸이 지갑에 넣고는 잃어버리지 않도록 목에 걸었어요.
"자, 이제 난 준비됐어. 준비됐니, 한몽아?"
"나야 아까부터 준비되어 있었지. 어서 가자."
한몽이와 두몽이는 긴털 몬스터의 털로 만든 장갑을 끼고 손을 마주 잡았어요.

"얄라리야 고라셩, 얄라리야 기리숑, 연결 고리야,
시간과 공간을 넘어 우리를 네가 있던 곳으로 데려다주렴!"

한몽이와 두몽이는 몸이 녹아내리는 듯한 느낌이 들었어요.
정신도 아득해졌어요. 세몽이 알에 이어 한몽이와 두몽이도
연기처럼 사라진 방 안은 아무 일도 없었다는 듯 너무나도 고요했어요.

긴털 몬스터 블랙몽

"두몽아, 정신이 드니?"
"으응. 그런데 여기가 어디지?"
한몽이와 두몽이가 도착한 곳은 창문이 하나도 없는 커다란 지하 실험실이었어요. 탁자 위에는 시험관과 비커, 피펫, 현미경 등이 놓여 있었고, 복잡한 기계들과 두꺼운 책, 약병들이 가득 든 선반도 있었어요.
"일단 세몽이부터 찾자."
한몽이와 두몽이는 잠시 두리번거리다가
문을 하나 발견하고, 살짝 열어 보았어요.
'앗!'

그때였어요! 문이 벌컥 열리며 누군가가 들어왔어요.

둘은 깜짝 놀라 뒤를 돌아보았어요. 그러고는 몸이 얼어붙어 버린 듯 꼼짝할 수 없었어요. 머리는 천장에 닿을 것 같고, 몸집도 방의 절반은 차지할 정도로 큰 무언가가 나타난 거예요. 큰 몸 전체에는 길고 검은 털이 덮여 있었고, 팔다리 대신 지느러미 같은 손발이 붙어 있어서 마치 커다란 물개 같았어요. 바로 긴털 몬스터였어요!
긴털 몬스터는 하나뿐인 눈을 무섭게 치뜨며 소리쳤어요.

"인간 세상의 시간 흐름이 몬스터 왕국과는 다르다는 이야기는 들었지만, 벌써 100년이나 지났을 줄이야. 그럼 내 가족도, 내 아이도 이젠 더 이상 남아 있지 않겠군······."
긴털 몬스터의 그르렁거리는 듯한 목소리가 매우 슬프게 들려서 한몽이와 두몽이도 조금 슬퍼졌어요.

그때 긴털 몬스터의 머릿속에 나쁜 생각이 떠올랐어요.

이제 정말로 외톨이가 된 나에게 다른 모습으로 변신이 가능한 탈바꿈 몬스터가 등장하다니! 이건 혼자 남은 나를 불쌍하게 여긴 몬스터클로스가 내게 주신 선물일지도 몰라.

43

긴털 몬스터는 결심한 듯 무서운 표정을 지으며 일어섰어요.
"꼬맹이들, 이제 너희들은 영원히 이곳에서 떠나지 못할 것이다.
영원히 나와 함께 이 인간 세상에서 살아갈 것이다!"

긴털 몬스터는 물갈퀴 같은 두 손을 내밀어 둘을 붙잡았어요. 그 손아귀의 힘이 얼마나 센지 두몽이는 꼼짝도 할 수가 없었죠. 힘이 센 한몽이는 간신히 빠져나왔지만, 두몽이까지 구할 수는 없었어요.

그 말을 들은 한몽이는 몬스터 왕국으로 돌아가 어른들을 데리고 와야겠다고
생각했어요. 하지만 아뿔싸! 연결 고리는 두몽이가 가지고 있었어요!
"이런, 이런, 이런 걸 가지고 있었구나. 이건 내가 맡아 둬야겠구나."
눈치 빠른 긴털 몬스터는 두몽이의 목에서 가족사진이 든 목걸이 지갑을
벗겨 내었어요.

"표정을 보니 이게 연결 고리였군. 어떠냐? 이제 너희들은 꼼짝없이
이곳에 갇힌 거다. 나와 함께 말이지. 으하하하!"
한몽이는 너무 화가 나고 분해서 눈에서 불이 뚝뚝 떨어질 것 같았지만,
아무것도 할 수 없었어요. 한몽이는 그 자리에 털썩 주저앉았어요.

긴털 몬스터의 이야기

긴털 몬스터는 커다란 자물쇠가 달린 방에 한몽이와 두몽이를 가두고 문을 잠갔어요. 그리고 처음 보는 음식이 가득 담긴 쟁반과 검은색 담요를 가져왔어요.
"자, 먹어라. 얌전히 굴면 해치지 않아. 하지만 도망칠 생각은 안 하는 게 좋을 거야."
쌍둥이들은 긴털 몬스터가 가져온 음식을 먹지 않으려고 했지만, 자꾸만 쟁반에 눈이 갔어요. 쟁반에는 소고기스테이크와 돼지갈비, 치킨, 빵과 피자, 생크림케이크를 비롯해 물과 오렌지 주스, 우유까지 잔뜩 차려져 있었죠. 결국 둘은 배고픔을 이기지 못하고 음식들을 먹기 시작했어요.
"우아! 세상에 이렇게 맛있는 음식이 있다니!"
"이 고기 튀김은 부드러워서 나도 먹을 수 있어!"
"일단 먹자. 먹어야 힘을 내서 방법을 생각하지!"

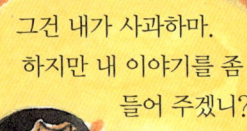

그건 내가 사과하마. 하지만 내 이야기를 좀 들어 주겠니?

긴털 몬스터는 옛날 이야기를 하기 시작했어요.

몬스터력 18628년

내 이름은 '블랙몽'. 보다시피 긴털 몬스터 종족 출신이지. 몬스터 달력으로 18628년, 그러니까 너희가 사는 몬스터 세상보다 100년 전, 긴털 몬스터 종족과 공작 몬스터 종족은 큰 싸움을 벌였단다.
다른 몬스터 종족들은 처음에는 그저 구경만 했지만, 점점 싸움이 거세지자 각자가 친한 종족 편을 들었지. 그러자 힘의 균형이 깨지기 시작했어. 긴털 몬스터들을 응원하는 몬스터에 비해 공작 몬스터들을 응원하는 몬스터가 훨씬 더 많았단다. 우리 긴털 몬스터들은 덩치가 크고 힘이 세다는 이유로 다른 몬스터들을 못살게 군 적이 많았기 때문이었지. 결국 싸움은 공작 몬스터들의 승리로 끝났고, 긴털 몬스터 종족은 모두 춥고 거친 얼음산으로 쫓겨났단다. 다시는 몬스터 왕국에 돌아오지 않겠다는 맹세를 한 채 말이야.

얼음산은 매우 추웠지만, 원래 우리 긴털 몬스터들은 추위 따윈 문제 될 게 없으니까 그럭저럭 살 만했지. 하지만 난 그곳을 나올 수밖에 없었어. 난 긴털 몬스터지만, 내가 사랑하는 아내는 공작 몬스터였거든. 난 아내와 아들이 미치도록 보고 싶었어. 그래서 얼음산을 탈출해 땅으로 몰래 내려간 거야. 아빠가 없어도 춥지 않게 내 털로 만든 담요를 주러 말이야.

난 밤에만 몰래 움직였지만, 덩치가 크다 보니 몸을 숨기기가 쉽지 않았지.

담요는 간신히 아들에게 전해 주었지만,

집을 나오다가 그만 몬스터 경찰에게 붙잡히고 말았어.

경찰들은 맹세를 깨고 얼음산에서 도망친 나를 인간 세상으로 추방했어. 내가 다시는 돌아올 수 없도록 연결 고리를 주지 않은 채 말이지.

이곳은 사람들이 '국립연구소'라고 부르는 커다란 시설의 한 부분이야. 내가 있는 곳은 오래되어 폐쇄된 곳이라 아무도 오지 않아.

난 이곳에 숨어 있다가 밤마다 몰래 나가 다시 몬스터 세상으로 돌아가기 위한 것들을 구해 왔어.

먹을 것과

기계, 약품들, 책……

밤낮으로 공부하고 연구했지. 몬스터 세상으로 꼭 돌아가려고……

그러던 어느 날,

블랙몽의 간절한 부탁에 한몽이와 두몽이도 마음이 누그러졌어요.
"한몽아, 3일 정도면 괜찮을 거야. 연결 고리는 우리가 떠났던 시간 근방으로 데려다주니까. 지난번에도 그랬거든."
"그럼 조금만 더 있다가 갈까? 사실 나 인간 세상이 보고 싶기도 했거든."
"그럼 딱 3일만 여기 있을래요. 3일 후에는 우릴 돌려보내 주시는 거지요?"
"물론이지. 3일 후에는 꼭 돌려보내 주마."
블랙몽은 두 아이의 말을 듣고 뛸 듯이 기뻐했어요. 그러고는 신이 나서 아이들을 데리고 지하 연구소 이곳저곳을 구경시켜 주고, 자신이 그동안 모은 것들도 보여 주었지요. 한참을 구경한 아이들은 다시 세몽이 알이 있는 방으로 돌아왔어요. 그런데 무지갯빛으로 반짝이는 알껍데기의 색이 어쩐지 탁하게 바래 있었고, 바람 빠진 풍선처럼 힘없이 늘어져 있는 게 아니겠어요? 둘은 깜짝 놀라 소리쳤어요.

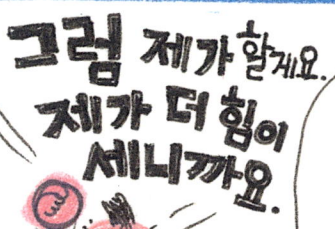

블랙몽은 긴털 몬스터 털로 짠 알 띠에 알을 조심스럽게 넣어서는 두몽이 품에 매 주었어요. 두몽이의 품에 안기자 알의 색이 점점 선명하게 밝아지기 시작했어요.

"세몽아, 조금만 참아."

어? 근데 기분이 이상해.

막 어지럽고 힘이 빠져.

이런 이런~

두몽아, 왜 그래? 정신 차려!

"아, 어지러워."

블랙몽은 커다란 물갈퀴 손으로 두몽이를 붙잡아 푹신한 긴털 방석 위에 눕혔어요.

배고픈 알이 갑자기 요력을 빨아들여서 그런가 보다.

그러더니 선반에서 유리병을 꺼내 알록달록한 사탕 모양의 약을 두몽이에게 주었어요.

이건 떨어진 요력을 보충해 줄 '요력 강화제'란다.

"큰일이야. 이대로 놔뒀다가 효과가 떨어지면 둘 다 위험해질지도 모르는데……."
"어떡해요. 그러니까 연결 고리 이리 주세요. 빨리 돌아가서 엄마, 아빠에게 보여 드려야겠어요."
"그것도 안 돼." 블랙몽이 미안한 듯 말했어요.
"사실은 너희들이 맘이 바뀌어서 먼저 돌아갈까 봐
금고의 시간 타이머를 3일 후로 맞춰 놨거든.
그 전엔 절대 열리지 않아. 그 대신……."

마침 오늘은 10월 31일,
핼러윈 데이야.

인간 세상에는 핼러윈 데이라는 것이 있단다.
이날 하루만큼은 사람들이 몬스터 분장을 하고
돌아다니지. 그러니 괜찮을 거다.
그런데 정말 구해 올 수 있겠니?

요력 강화제의 정체

한몽이는 조심스레 지하실 문을 열고 나가 블랙몽이 준 종이를 펼쳤어요.

<요력 강화제 재료>
1. 핼러윈 밤에만 피어나는 붉은 꽃 한 송이
2. 초등학교 연못에 사는 발톱개구리의 발톱 3개
3. 긴털 몬스터의 가장 긴 속눈썹 세 가닥

이 중에서 속눈썹 세 가닥은 내가 이미 뽑아 놓았으니, 넌 두 가지만 가져오면 된다.

블랙몽은 재료를 적은 쪽지와 함께 붉은 꽃이 피는 곳과 개구리가 사는 연못이 있는 초등학교의 약도까지 챙겨 주었어요. 길을 찾는 것은 어렵지 않았지만, 문제는 이 집과 학교가 마을 한가운데 있다는 것이었어요. 거기까지 가려면 사람들이 사는 집을 적어도 서른 채는 지나가야 했거든요. 일단 한몽이는 밤이 될 때까지 기다리기로 하고 구석진 곳에 몸을 숨겼어요.

"얘, 일어나! 여기서 자고 있으면 어떡해?"
"사탕 받으러 가야지. 얼른 일어나."
숨어 있다가 그만 잠이 들었나 봐요.
깜짝 놀란 한몽이가 몸을 벌떡 일으켰어요.
너무 놀라 털이 붉게 타올랐어요.

"엄마야!"
"으악!"
순간 아이들이 비명을 질렀어요. 그것도 잠시.
아이들은 곧 탄성을 지르기 시작했어요.
"우아! 너 진짜 짱이다!"

한몽이는 몰래 블랙몽의 실험실로 들어가 숨었어요.
블랙몽은 신이 나서 콧노래를 부르며 뭔가를 만들고
있었지요.

가짜 요력 강화제 만들기 레시피

블랙몽은 깨끗이 씻은 재료를 믹서에 곱게 간 뒤, 설탕과
예쁜 색깔의 색소를 넣고 작은 덩어리로 빚었어요.

 ① 재료 씻기
 ② 깨끗이 씻은 재료를 곱게 갈기
 ③ 설탕, 녹말, 시럽, 색소 넣기
 ④ 조물조물 잘 주무르기
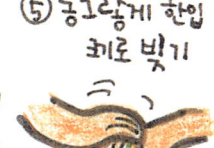 ⑤ 동그랗게 한입 크기로 빚기

호호. 이제 냉장고에 넣어서 굳히기만 하면 된다.
어리석은 꼬마들은 상상도 못 하겠지?
어제 먹은 건 영양제 사탕이라는 걸 말이야.
하지만 이건 보통 사탕이 아니지. 탈바꿈 몬스터의
알을 긴털 몬스터로 바꿔 주는 놀라운 사탕이니까.
핼러윈 밤에만 피는 붉은 꽃은 눈을 하나로 만들고,
발톱개구리의 발톱은 손가락 대신에 나처럼
물갈퀴가 생겨나게 할 거야. 여기에 내 속눈썹을
더하면 나처럼 길고 검은 털도 돋아나겠지. 완벽해!
이 변신 사탕만 먹이면 저 알에서 태어나는 아기는
크고 무시무시한 긴털 몬스터가 될 거야. 으하하하!

가짜 요력 강화제의 효능

"그럼 어떡하지? 분명히 조금 있으면 블랙몽이 사탕을 가져와서 먹으라고 할 텐데. 안 먹으면 의심할 거야."

블랙몽의 말을 들은 한몽이는 급히 두몽이에게 달려와 블랙몽의 꿍꿍이를 알려 줬어요.

이제 한몽이와 두몽이는 어떻게 해야 할까요? 어쨌든 시간은 흘러갔고, 드디어 약속한 3일째 아침이 되었어요.

"오늘로 약속된 3일이 지났어요. 이젠 우리를 돌려보내 주세요."

"알았다. 일단 밥부터 먹거라."

"밥도 먹이지 않고 보내기엔 너무 서운하잖니."

그때, 강철 금고에서 알람이 울리고 문이 열렸어요. 가족사진이 보이자, 한몽이와 두몽이는 그 순간을 놓치지 않고 말했어요.

"이제 돌아갈 시간이네요. 맛있는 음식 감사했어요."

"잠깐! 그 전에 알을 좀 보여 주려무나. 작별 인사라도 해야지."

두몽이는 마지못해 알을 보여 주었어요. 그때, 두몽이는 알껍데기에 작은 구멍이 뚫려 있는 것을 보았어요. 세몽이가 벌써 나오려는 것이었어요!

"오호, 아기가 태어나려 하는구나. 조금만 더 기다려 주겠니? 나도 아기의 탄생을 축하하고 싶구나."

"안 돼요. 우리 엄마, 아빠가 아기를 기다리고 계실 거예요."

그럴 수는 없지!

갑자기 블랙몽이 무섭게 소리를 질렀어요.
"그 아이는 내 아이야! 날 닮은 내 아이라고! 가져가게 둘 순 없어!"
"그런 억지가 어디 있어요! 얘는 내 동생이라고요!"
"절대로 뺏기지 않을 거야!"
한몽이와 두몽이는 알을 지키려 꽉 끌어안았고, 블랙몽은 그들을 무섭게 노려보며 다가왔어요. 그때였어요.
알에 난 구멍이 쫙 갈라지더니 무지갯빛이 확 번졌어요.
드디어 세몽이가 알에서 나온 거예요!
알에서 나온 세몽이는 어리둥절한 표정으로 주변을 두리번거렸어요. 뾰족한 부리, 날씬한 팔다리, 보송보송하고 귀여운 연노랑 깃털. 분명 세몽이는 탈바꿈 연노랑 몬스터였어요!
"아니, 이게 어찌 된 일이지? 내가 분명 날 닮은 아이를 만들기 위해 비법 약을 사용했는데!"
블랙몽이 크게 놀라 소리쳤어요.

발생에 영향을 주는 요인이 궁금하다면 수업 노트 84쪽으로!

이틀 전

세몽이를 블랙몽 닮은 아기로 탈바꿈시키는 약이라고? 그건 절대 안 먹을 거야!

하지만 네가 먹지 않으면 블랙몽이 가만있지 않을 거야.

그럼 어떡해? 우리 동생을 이대로 블랙몽에게 빼앗길 순 없어. 절대로!

내게 좋은 수가 있어!

조금만 기다려 봐.

한몽이는 자신이 가져온 주머니를 뒤져 알록달록한 사탕 몇 개를 찾아냈어요.

이거 봐, 블랙몽이 준 거랑 비슷하지?

"그럼 이걸 손에 숨기고 있다가 블랙몽이 요력 강화제를 먹으라고 할 때 슬쩍 바꿔치기 하면 될 것 같아."

그랬어요. 한몽이와 두몽이는 지난 이틀간, 블랙몽이 준 변신 약을 그냥 사탕으로 바꿔치기했던 거예요.

음음……

읗지, 읗지.

"삐삐? 삐이삐이?"
두몽이의 품에 안겨 있던 세몽이가 작게
재잘대면서 파드닥거렸어요. 그 바람에 세몽이를
감싸고 있던 알껍데기가 바닥으로 툭 떨어졌어요.
알껍데기를 본 순간, 한몽이와 두몽이는 같은 생각을 했어요.
온 가족의 사랑을 듬뿍 받은 세몽이가 들어 있던 저 알껍데기라면
더없이 좋은 연결 고리가 되어 줄 터였죠. 쌍둥이인 한몽이와 두몽이는
이 순간, 말하지 않고도 서로의 생각을 읽을 수 있었어요.
한몽이와 두몽이는 세몽이와 알껍데기를 단단히 끌어안고 동시에 소리쳤어요.

"얄라리야 고라솅, 얄라리야 기리숑, 연결 고리야, 시간과 공간을 넘어 우리를 네가 있던 곳으로 데려다주렴."
"안 돼!"
그제야 눈치를 챈 블랙몽이 두 아이를 붙잡으려 했지만, 이미 때는 늦었어요. 잠시 후, 아이들은 순식간에 사라졌고, 텅 빈 방 안에는 블랙몽 혼자 남았어요.

돌아온 집

눈앞에 따뜻한 붉은빛이 보였어요. 익숙한 가구, 퀴퀴한 냄새, 낯익은 얼굴.
"무사히 돌아왔어! 진짜 우리 집이야!"
"다시는 못 돌아올까 봐 정말로 무서웠어!"
"이젠 아무 걱정 안 해도 되는데 왜 자꾸 눈물이 나지?"
"그, 그러게……. 으어허허헝!"
둘은 서로를 부둥켜안고 엉엉 울었어요. 그 소리에 놀란 부모님이 뛰어왔어요.
"한몽아, 두몽아, 무슨 일이야?"
"혹시 도둑이라도 들었니?"
놀란 부모님의 몸은 지옥불처럼 빨개졌어요.
'어이쿠, 무서워라. 이제 진짜 집에 왔구나!'
한몽이와 두몽이는 동시에 엄마, 아빠에게 달려들었어요.
"엄마! 보고 싶었어요!"
"아빠! 다시는 못 보는 줄 알았어요!"
"그게 무슨 소리냐? 모처럼 영화 한 편 보고 왔더니, 그게 그렇게 길게 느껴졌니?"
"사실은 그게 아니라……."
"어마?"
그때였어요. 두몽이의 품에 안긴 세몽이가 빼꼼 얼굴을 내밀었어요.
"어머나, 세상에! 우리 막내가 벌써 나오다니!"
"이런, 이런, 아직 일주일도 채 안 되었는데? 이렇게 빠를 수가!"
엄마는 두몽이의 품에 있던 세몽이를 살며시 안아 들었어요.
"어마, 어마."

세몽이는 엄마 품에 안겨서도 자꾸만 두몽이를 보며 엄마를 불러 댔어요.
"어머, 얘가 두몽이를 엄마로 착각하고 있나 봐요."
엄마, 아빠는 한바탕 웃더니 곧 걱정스러운 얼굴이 되었어요.
"그런데 얘는 왜 이렇게 빨리 태어났지?"
"그리고 두몽이 때보다 훨씬 크고 말도 빠르네요."
"어디가 아프거나 이상한 건 아니겠지……?"
그때 두몽이가 말했어요.
"학교에서 배웠는데, 몬스터 세상의 몬스터들은 저마다 모두 다르고, 다른 건 하나도 이상한 게 아니래요. 그러니까 세몽이가 조금 달라도 아무 문제 없을 거예요."
"그래, 네 말이 맞구나. 우리 꼬맹이, 누나가 되더니 의젓해졌네."
"우리는 이 손가락처럼 서로 붙어 있는 한 가족이지! 그 무엇도 우릴 떼어 놓을 순 없을 거야!"
"우리 동생 세몽이, 앞으로 형아랑 누나가 잘 돌봐 줄게. 우리 잘해 보자!"

이후 이야기

🌷 세몽이는 나중에도 한참 동안이나 두몽이를 엄마로 알고 쫓아다녔어요. 세몽이는 희귀한 탈바꿈 연노랑 몬스터지만, 누나인 두몽이가 있어서 외롭지 않았답니다. 물론 한몽이 형도 좋아했지만요.

🌷 몬스터 세상의 경찰들은 두몽이가 가져온 알껍데기를 연결 고리로 사용해서 블랙몽을 찾아갔어요. 결국 블랙몽은 인간 세상에서 체포되어 다시 추운 얼음산으로 쫓겨났지요. 몬스터 경찰들은 블랙몽을 그대로 인간 세상에 두었다가는 몬스터가 존재한다는 사실을 인간들에게 들킬지도 모른다고 생각했거든요. 100년 만에 몬스터 세상으로 돌아온 블랙몽은 비록 아내와 아이를 만나지는 못했지만, 적어도 죽기 전에 긴털 몬스터 후손들을 만날 수 있어서 행복했답니다.

🌷 두몽이는 이후로도 종종 몬스터 벼룩시장에 갔지만, 긴털 몬스터 담요를 팔았던 공작 몬스터 아줌마는 끝끝내 만나지 못했어요. 할아버지에게 공작 몬스터는 100년 전에 있던 그 사건 이후, 모두 머나먼 남쪽 나라로 이주해서 지금 몬스터 왕국에는 하나도 살지 않는다는 이야기만 들었을 뿐이었죠. 그럼 두몽이가 만난 그 공작 몬스터는 누구였을까요?

차일드 몬스터 학교
수업 노트

생물은 다양해요

지금까지 발견된 생물의 종류는 식물 약 27만 종, 동물 약 132만 종, 미생물 약 16만 종, 총 175만 종 정도 돼요. 하지만 사람들이 지구상에 존재하는 모든 생물들을 다 발견한 게 아니라서, 실제 생물의 종류는 이보다 열 배쯤 많을 거라고 생각하고 있어요.
생물이 모두 다른 건, 지구의 환경이 매우 다양하고 계속 변하기 때문이에요.
변덕스러운 지구에서 살아남기 위해 생물들은 다양하게 진화해 온 거죠.

생물들은 어떻게 늘어날까요?

생물의 가장 큰 특징은 스스로 번식할 수 있다는 거예요. 무생물인 돌멩이 하나는 시간이 지나도 돌멩이 하나로 남지만, 생물인 민들레 한 송이는 홀씨를 날려서 들판 가득 민들레를 피우지요. 이렇게 생물체가 스스로 개체를 늘려 나가는 것을 '생식(生殖)'이라고 해요. 생식은 크게 유성 생식과 무성 생식으로 나눌 수 있답니다.

유성 생식

암컷과 수컷, 이렇게 서로 다른 '성(性)'이 만나 번식하는 방식을 '유성 생식'이라고 해요. 유성 생식에서는 생식 세포가 매우 중요해요. 생식 세포는 난자와 정자 두 종류로 나뉘는데, 암컷은 난자를, 수컷은 정자를 만들어 내죠. 정자가 긴 꼬리를 이용해 헤엄쳐서 난자를 만나는 것을 '수정'이라고 하는데, 수정되어 하나로 합쳐진 난자와 정자는 '수정란'이 돼요. 유성 생식은 반드시 엄마의 난자와 아빠의 정자가 합쳐져야만 자손이 태어나기 때문에 아이들은 엄마와 아빠를 비슷하게 닮지만 완전히 똑같지는 않아요.

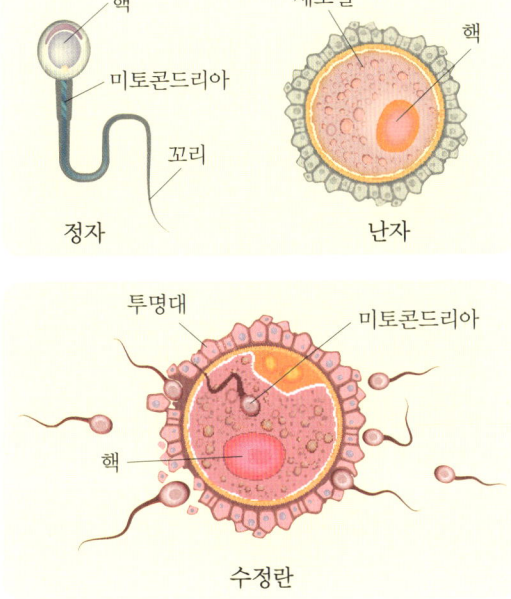

무성 생식

암수의 만남 없이 이루어지는 생식을 말해요. 무성 생식은 스스로를 복제하기 때문에 자신과 똑같은 자손만 만들 수 있어요. 그런데 복제하는 방식은 조금씩 다르지요.

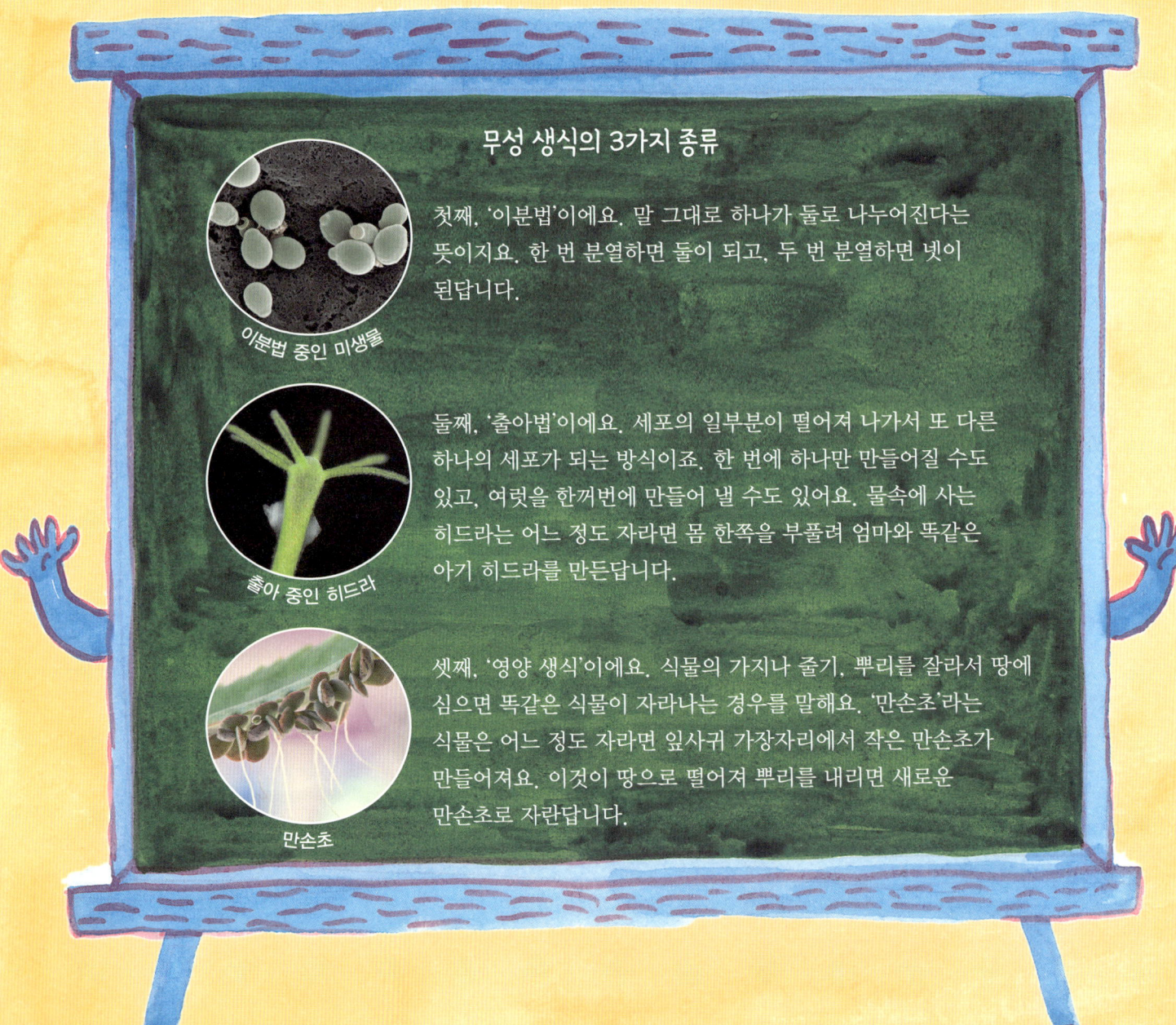

무성 생식의 3가지 종류

첫째, '이분법'이에요. 말 그대로 하나가 둘로 나누어진다는 뜻이지요. 한 번 분열하면 둘이 되고, 두 번 분열하면 넷이 된답니다.

이분법 중인 미생물

둘째, '출아법'이에요. 세포의 일부분이 떨어져 나가서 또 다른 하나의 세포가 되는 방식이죠. 한 번에 하나만 만들어질 수도 있고, 여럿을 한꺼번에 만들어 낼 수도 있어요. 물속에 사는 히드라는 어느 정도 자라면 몸 한쪽을 부풀려 엄마와 똑같은 아기 히드라를 만든답니다.

출아 중인 히드라

셋째, '영양 생식'이에요. 식물의 가지나 줄기, 뿌리를 잘라서 땅에 심으면 똑같은 식물이 자라나는 경우를 말해요. '만손초'라는 식물은 어느 정도 자라면 잎사귀 가장자리에서 작은 만손초가 만들어져요. 이것이 땅으로 떨어져 뿌리를 내리면 새로운 만손초로 자란답니다.

만손초

하나의 수정란이 사람이 되기까지

인간 세상의 갓난아기를 본 적 있나요? 갓난아기는 매우 작지만, 동그란 눈 두 개, 작고 귀여운 콧구멍 두 개, 앙증맞은 손가락 열 개 등 신체의 모든 부분을 다 갖추고 있어요. 잇몸 속에는 아직 나지 않은 이도 숨어 있고요.

과연 아기는 엄마 배 속에 있을 때부터 이런 모습이었을까요? 그건 아니에요. 아기는 엄마의 난자와 아빠의 정자가 만들어 낸 '수정란'에서 시작돼요. 수정란은 아무리 봐도 아기처럼은 생기지 않았어요. 하지만 시간이 지나면 점점 세포의 수가 많아지고, 모양도 달라지면서 아기의 모습을 만들어 내죠.

수정란이 하나의 몸을 이루기 위해서는 '세포 분열'과 '세포 분화'의 과정을 모두 거쳐야 해요. 세포 분열이란, 세포를 나눠 수를 늘려 가는 거예요. 수정란이 1번 분열하면 2개가 되고, 2번 분열하면 4개, 3번 분열하면 8개가 되죠. 처음에는 한 개였던 세포가 분열하면서 점점 늘어나는 거예요.

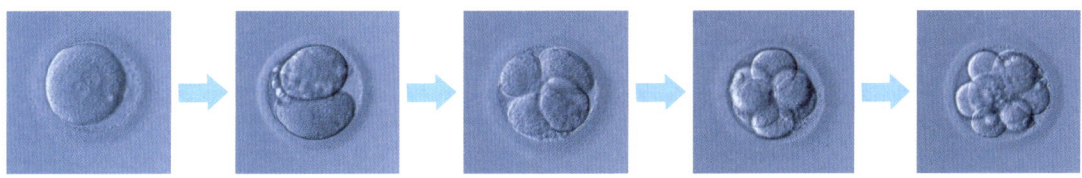

❖ **세포란?**
돌멩이나 축구공 같은 무생물에는 없지만, 생물에는 있는 것이 바로 '세포'예요. 살아 있는 모든 것은 세포로 이루어져 있어요. 세포는 아주 작아서 눈으로는 볼 수 없지만, 아무리 작아도 우리 몸처럼 많은 세포들이 합쳐지면 눈에 잘 보이지요. 반면 세균들은 세포가 한 개뿐이라서 잘 보이지 않아요.

세포 분화란, 세포들이 각자 자신의 역할에 맞게 모양을 바꾸는 걸 말해요. 우리 몸을 구성하는 세포들은 약 200가지 종류가 있는데, 종류에 따라 하는 일이 다르고, 모양도 달라요.

사람의 몸을 이루는 다양한 세포들

적혈구
우리 몸에 산소를 공급하는 세포로 납작한 원반처럼 생겼어요.

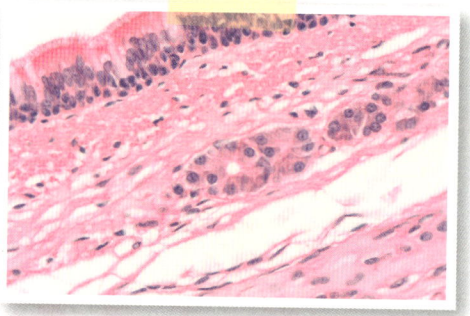

근육 세포
근 조직을 만드는 세포로 긴 튜브 모양이에요.

신경 세포
몸 여기저기에서 보내는 신호를 받아 연결해야 하기 때문에 가지를 뻗은 것처럼 생겼어요.

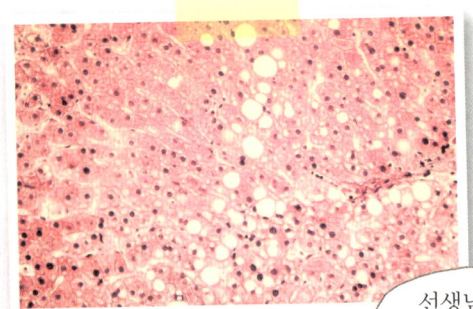

지방 세포
지방을 많이 저장하기 위해 원래 크기보다 1,000배 이상 커질 수 있어요.

선생님! 그럼, 이렇게 많은 세포들은 어떻게 자기 역할을 정해요?

아, 너무 복잡해요. 사람 몸속에 이렇게나 많은 세포들이 있다니!

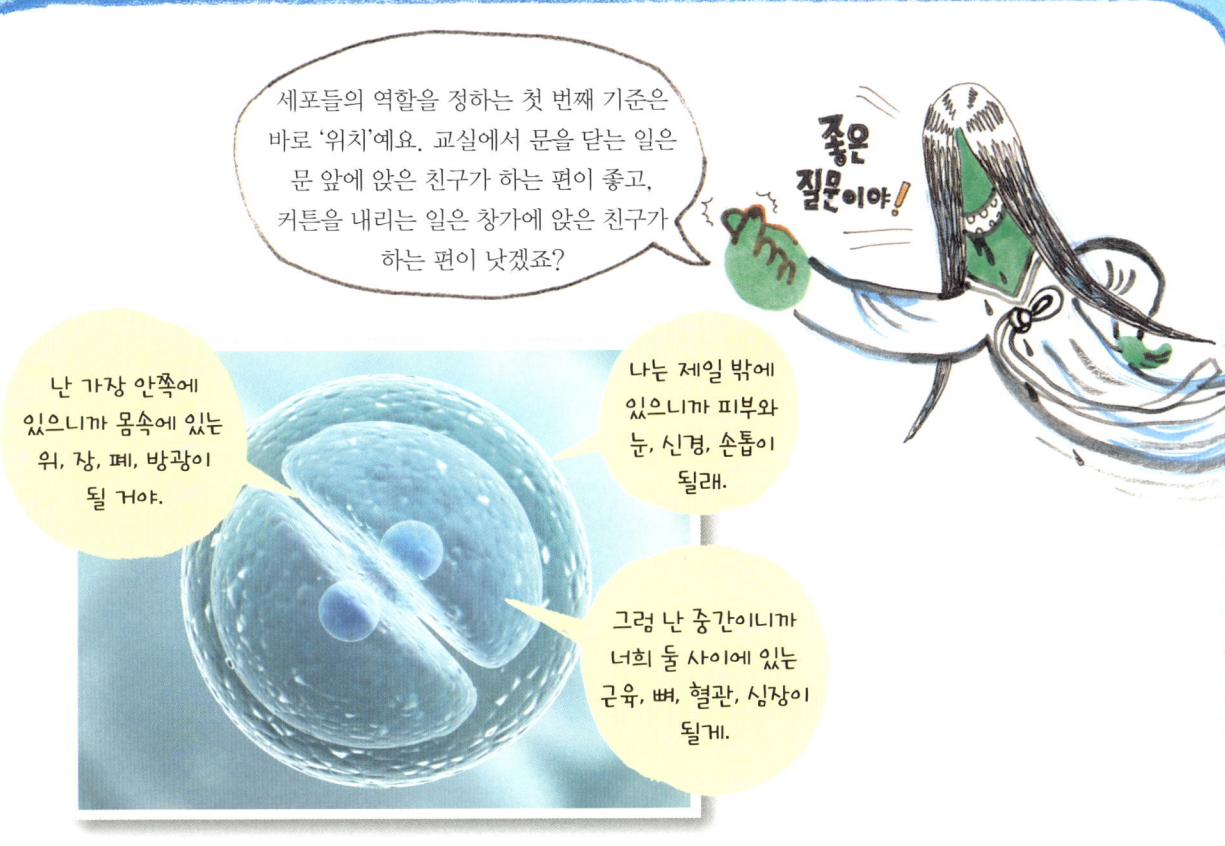

"세포들의 역할을 정하는 첫 번째 기준은 바로 '위치'예요. 교실에서 문을 닫는 일은 문 앞에 앉은 친구가 하는 편이 좋고, 커튼을 내리는 일은 창가에 앉은 친구가 하는 편이 낫겠죠?"

"난 가장 안쪽에 있으니까 몸속에 있는 위, 장, 폐, 방광이 될 거야."

"나는 제일 밖에 있으니까 피부와 눈, 신경, 손톱이 될래."

"그럼 난 중간이니까 너희 둘 사이에 있는 근육, 뼈, 혈관, 심장이 될게."

이처럼 처음에는 똑같던 세포들이 점점 많아지면, 안쪽에 있는 세포들은 사람 몸 안에 있는 위, 장, 폐, 방광 등의 내장 기관을 이루는 세포로 변신해요. 가장 바깥쪽에 있는 세포들은 피부, 신경, 모근, 손톱과 발톱을 이루는 세포들로 변하지요. 그리고 가운데 있는 세포들은 내장 기관과 피부 사이에 있는 **뼈, 근육, 혈관, 심장**으로 바뀐답니다. 이렇게 하나의 수정란이 복잡한 몸으로 변신하고 자라나는 것을 '**발생**'이라고 해요.

◆ 공 모양의 세포는 언제쯤 나와 비슷해질까?

둥근 모양이던 수정란은 점점 숫자가 많아지면서 길쭉한 막대기 모양이 되어요. 임신 5주경이면 한쪽이 둥글게 부풀어 올라 머리를 만들기 시작하고 작은 심장도 콩콩 뛰지요. 간과 신장이 만들어지고, 갈비뼈가 자라 심장을 보호해요. 임신 10주경이 되면 몸통에서 작은 팔다리가 조금씩 자라나고, 임신 12주경에는 남자와 여자의 구별도 확실해져요. 임신 16주 정도 되면 아기와 닮은 모습이 되고, 무럭무럭 자라서 임신 40주 즈음에 귀여운 아기가 되어 태어난답니다.

난생과 태생

동물들도 사람과 마찬가지로 수정란에서 만들어지지만, 종류에 따라 알로 태어나기도 하고, 새끼로 태어나기도 해요.
알로 태어나는 경우를 '난생(卵生)'이라고 하고, 엄마의 몸에서 새끼의 형태로 태어나는 경우를 '태생(胎生)'이라고 하죠.

알의 형태로 태어나는 경우

난생 동물로는 어류, 곤충류, 양서류, 파충류, 조류 등이 있어요. 알 속에는 영양분이 들어 있는데, 수정란은 알 속에 든 영양분을 먹고 점점 자라 새끼 동물이 되고, 몸이 자라 공간이 비좁아지면 알을 깨고 나와요.

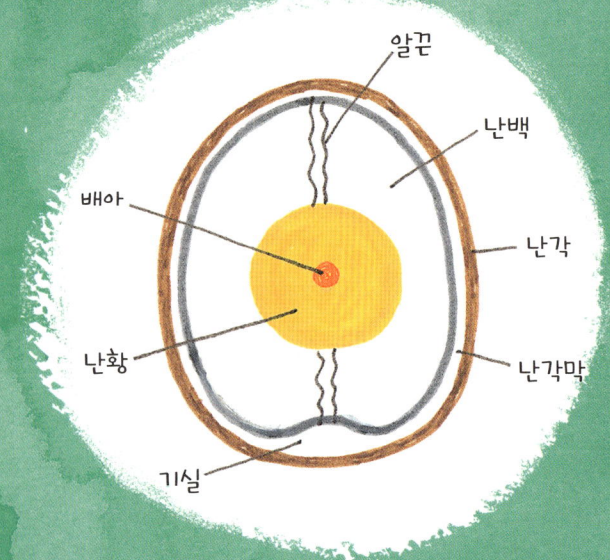

'유정란'이라는 표시가 있는 달걀을 깨뜨려 보세요. 노른자와 흰자 사이에 아주 작은 핏방울 같은 것이 보일 거예요. 그게 바로 장차 병아리가 될 세포들이고, 노른자와 흰자는 모두 병아리가 알 속에 있는 동안 먹을 영양분이랍니다.
작은 세포 덩어리들이 달걀 속 노른자와 흰자를 다 먹고 병아리가 되기까지는 21일이 걸려요.

새끼 형태로 태어나는 경우

태생 동물은 강아지, 돼지 등 젖먹이동물들을 말해요. 배 속의 새끼는 엄마와 연결된 탯줄을 통해 엄마로부터 영양분을 공급받아요. 태어난 후에도 한동안은 엄마 젖을 먹고 자라지요.

오리너구리   가시두더지

예외의 동물들
새끼에게 젖을 먹이는 동물은 대부분 태생 동물이지만, 오리너구리와 가시두더지는 특이하게도 알을 낳는답니다.

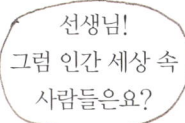
선생님! 그럼 인간 세상 속 사람들은요?

인간 세상 속 사람들은 엄마의 난자와 아빠의 정자가 만나서 만들어진 수정란이 엄마의 자궁 속에 자리를 잡고 10달 정도 자란 뒤에 태어나요. 태어난 아기들은 엄마와 아빠의 보호를 받으며 엄마 젖을 먹고 자라지요.

발생에 영향을 주는 요인들

사람이든 동물이든 처음에는 단 하나의 수정란에서 만들어져요. 수정란 속에는 유전 물질이 들어 있는데, 유전 물질에 담긴 정보에 따라 머리와 몸, 손과 발, 내장 기관이 만들어지며 무럭무럭 자라게 돼요. 수정란 안에 장차 어떤 생명체로 자라날지 알려 주는 설계도가 들어 있는 셈이죠. 이 설계도를 '유전자'라고 하는데, 발생이란, 수정란이 유전자에 쓰여 있는 대로 몸을 만들어 가는 과정이에요.
그런데 발생 과정에서 유전자들에 들어 있는 정보가 지워지거나 망가진다면 어떻게 될까요?

아기 양의 눈을 하나로 만든 무서운 꽃

지난 2006년, 미국의 어느 농장에서 눈이 하나뿐인 아기 양들이 태어난 일이 있었어요. 과학자들은 연구 결과 '사이클로파민'이라는 독성 성분을 가진 '익시아'의 꽃 때문이라는 사실을 밝혀냈죠. 눈은 머리 가운데에서 눈이 될 세포들이 만들어진 뒤 두 개로 나뉘는데, 엄마 양들이 먹은 익시아 잎 속 독성 성분이 아기 양의 눈이 두 개로 나뉘는 유전자의 작용을 방해했기 때문에 일어난 일이었어요.

익시아

아기의 팔다리를 짧고 뭉툭하게 만드는 약이 있다?

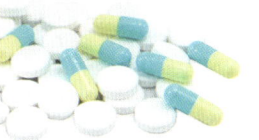

아기들이 팔다리 없이 태어났던 사건도 있었지.

1950년대 말부터 1960년대 초까지 독일, 영국 등의 나라에서 약 1만 명에 가까운 아기들이 팔, 다리 없이 태어난 사건이 있었어요. '탈리도마이드'라는 약 때문이었죠. 이 약은 어른들이 먹으면 이상이 없지만 태어나기 전의 아기들의 경우 아기의 팔, 다리에 영양을 공급하는 혈관들을 막아 기형으로 만드는 부작용이 있었어요. 이 약을 만든 회사가 부작용을 정확히 모른 채 약을 만들었기 때문에 일어난 슬픈 사고였어요.

이럴 수가……

이런 유전자 정보가 변하는 건 사람이나 동물들에게만 나타나나요?

장미를 파랗게 만들 수 있다?

장미는 다양한 색깔 유전자를 갖고 있지만, 파란색 유전자는 없어서 파란 꽃을 피울 수는 없었어요. 그런데 과학자들이 닭의장풀이나 피튜니아의 DNA에서 파란색 유전자를 잘라 장미의 DNA에 붙여 파란 장미를 만들었지요! 이처럼 유전자를 직접 넣어 주면 새로운 특징을 지닌 생물을 만들 수 있어요. 하얀 쥐를 검은 쥐로, 흰 쌀을 황금 쌀로 변화시키는 것처럼 말이에요.

같은 엄마, 아빠에게서 태어난 형제자매인데 왜 모두 다를까요?

언젠가 텔레비전에서 13남매가 사는 인간 세상 집을 본 적이 있어요. 가장 신기했던 것은 같은 부모님 아래 태어난 13명의 아이들이 저마다 얼굴 생김새도, 식성도, 성격도 모두 달랐다는 사실이죠. 우리 몬스터들처럼요! 왜 모두 다를까요?

약 2만 3천 개쯤 되는 사람의 유전자는 엄마, 아빠에게서 절반씩 물려받아 두 개가 한 세트를 이루고 있어요. 예를 들어 엄마는 빨간 구슬과 파란 구슬이 든 주머니를 2만 3천 개, 아빠는 흰 구슬과 검은 구슬이 한 세트로 들어 있는 주머니를 2만 3천 개 가지고 있다고 상상해 보세요. 엄마와 아빠는 아기에게 구슬을 절반씩 나누어 주는데, 이때 규칙은 반드시 각각 한 개씩만 꺼내서 주어야 한다는 거예요.

주머니 안은 보이지 않기 때문에 엄마, 아빠가 어떤 색의 구슬을 뽑을지 알 수는 없어요. 그러니까 아기의 1번 주머니 안에 빨강-하양이 들어갈지, 빨강-검정이 들어갈지, 혹은 파랑-검정이나 파랑-하양이 들어갈지 아무도 모른다는 거죠. 이렇게 구슬을 뽑아 아기의 주머니에 넣는 과정을 2만 3천 번 반복해야 해요. 아이가 태어날 때마다 똑같은 과정이 되풀이되죠. 안이 보이지 않는 주머니에서 2만 3천 번이나 똑같은 순서대로 구슬을 뽑을 확률은 불가능에 가깝겠죠? 그러니 같은 부모님 사이에서 태어난 형제자매들이 모두 다른 것이랍니다.

글 이은희

한몽이와 두몽이처럼 남자아이와 여자아이 쌍둥이를 키우고 있는 엄마랍니다. 언제나 씩씩하고 활기찬 한몽이와 두몽이처럼 우리 쌍둥이들도 밝고 건강하게 자라길 바라면서 이 글을 썼어요.
연세대학교 생물학과 및 같은 학교 대학원 신경생리학 전공, 졸업 후 신약연구소에서 연구원으로 3년간 근무하다가 블로그 형식으로 인터넷에 연재하던 글이 책으로 발간되면서 얼떨결에 작가로 데뷔했어요. 고려대학교에서 과학언론학 전공으로 박사를 수료하고 현재는 갈다SCC연구소 소장으로 일하며 '하리하라'라는 필명으로 과학 작가로 일하고 있어요. 지은 책으로는 〈하리하라의 생물학 카페〉, 〈하리하라의 과학블로그〉, 〈하리하라의 세포 여행〉, 〈하리하라의 몸 이야기〉, 〈몬스터과학 3 두몽이 유전의 비밀을 풀다〉등이 있어요.

그림 최미란

대학에서 산업디자인을 공부한 뒤 그래픽 디자이너로 일했어요. 그림 그리는 일에 흥미를 느껴, 대학원에서 일러스트레이션을 공부하고, 줄곧 어린이책에 그림을 그리고 있어요.
그린 책으로는 〈저승사자에게 잡혀간 호랑이〉, 〈돌로 지은 절 석굴암〉, 〈우리는 집지킴이야!〉, 〈출동! 마을은 내가 지킨다〉, 〈칠머리당 영등굿〉, 〈껄껄 선생 여행기〉, 〈집, 잘 가꾸는 법〉, 〈수궁가〉, 〈말들이 사는 나라〉 등이 있어요.

몬스터과학

몬스터과학 1 **공주의 뇌를 흔들어라** 김성화, 권수진 글 | 나오미양 그림
몬스터과학 2 **우주의 끝이 어디야?** 함석진 글 | 강경수 그림
몬스터과학 3 **두몽이 유전의 비밀을 풀다** 이은희 글 | 최미란 그림
몬스터과학 4 **세포야, 쪼개져라! 많아져라!** 김성화, 권수진 글 | 원혜진 그림
몬스터과학 5 **세균, 보이지 않는 세계를 부탁해!** 박용기 글 | 박재현 그림
몬스터과학 6 **충전 100% 에너지 세계로 출동!** 이희주 글 | 김소희 그림

〈몬스터과학〉 시리즈는 계속 출간됩니다.